ÉLOGE

DE

SENARD

BARREAU DE PARIS

ÉLOGE

DE

SENARD

DISCOURS

PRONONCÉ LE 28 MARS 1887

À la Conférence des Avocats

PAR

MAXIME BRENIER DE MONTMORAND

Avocat à la Cour d'Appel

IMPRIMÉ AUX FRAIS DE L'ORDRE

PARIS

ALCAN-LÉVY, IMPRIMEUR DE L'ORDRE DES AVOCATS
24, rue Chauchat, 24

1887

ÉLOGE

DE

SENARD

Monsieur le Batonnier,

Messieurs et chers Confrères,

Antoine-Marie–Jules Senard naquit au cœur même de la Normandie, à Rouen, dans les derniers jours du siècle dernier. Son père était architecte. Il connut à peine sa mère, une femme distinguée entre toutes, et, de très bonne heure, entra dans une petite pension, puis au lycée. Ses études y furent brillantes, surtout rapides : reçu bachelier dès la fin de 1814, il dut faire choix d'une carrière à l'âge où, d'habitude, on épèle encore le rudiment.

Il ne se sentait, j'imagine, aucune vocation bien prononcée. Mais, chez un enfant de quatorze ans, les hésitations ne sont pas longues. Il résolut d'être avocat, et partit aussitôt pour Paris, en quête d'une première inscription de droit. — On lui demande, à la Faculté, son nom, ses prénoms, puis la date de sa naissance... — « 9 avril 1800, répond-il. » — « 1800, s'écrie le bureaucrate stupéfait, mais ne sommes-nous pas en 1814 ? » — Et, sur une nouvelle réponse : « Revenez dans deux ans, mon ami, vous êtes trop jeune. » — L'enfant se récriait, discutait.... — « Votre fils argumente fort bien, dit alors le vieux Reboul, se tournant vers M. Senard, qui assistait à la scène, — nous en ferons un avocat; mais s'il veut entrer au barreau, qu'il apprenne d'abord à respecter la loi. » — La loi, Messieurs, fut respectée, et, tristement, la tête basse, on s'en revint à Rouen.

M. Senard le père avait pour voisin et pour ami le pharmacien en chef de l'Hôtel-Dieu de la ville, vieil humaniste d'esprit peu littéraire et d'humeur quinteuse, mais d'excellentes intentions et nourri de l'antiquité classique. Ce digne homme, — qui sait ? peut-être l'original de M. Homais, — se chargea de la direction de l'étudiant, lui mit entre les mains ses auteurs favoris, les lui fit lire, apprendre, traduire... L'étudiant, à une merveilleuse mémoire, joignait le goût inné des lettres. Quand, après dix-huit mois qui passèrent comme un rêve, il dut repartir, cette fois définitivement, pour Paris, il récitait, d'un bout à l'autre, l'*Énéide*, et possédait les plus beaux vers d'Horace, d'Ovide, de Lucrèce. Il possédait aussi, Messieurs, les tragédies de Voltaire ; en revanche, nos grands écrivains du dix-septième siècle lui étaient familiers — et l'on prétend qu'il disait les *Plaideurs* en homme qui plaidera toute sa vie.

Il ne suivit que de façon très irrégulière les cours de l'Ecole de Droit. Mais il sut bien vite le chemin de la Sorbonne et se fit l'auditeur assidu de Cousin, de Villemain, d'Andrieux. Cependant, ni la philosophie ni les lettres ne suffisaient à l'absorber. Sa curiosité était universelle, sa passion d'apprendre insatiable. Il s'occupa d'ostéologie, d'anatomie et fut admis par deux fois, — il le rappelait avec orgueil, — aux importantes fonctions d'aide-préparateur de Biot, l'illustre maître de physique. C'est d'ailleurs au point de vue de leurs applications que les sciences l'intéressaient surtout. Aussi le voyait-on, chaque après-midi, au Conservatoire des Arts et Métiers, étudiant, aux dépens des *Institutes,* les procédés de fabrication techniques et les machines. Le soir venu, dans sa chambrette du quartier latin, il prenait des notes et travaillait encore, à moins qu'il n'allât, — dans les premiers jours de chaque mois, lorsque sa bourse était garnie, — visiter ses amis de Rouen, Corneille, Racine, Molière, où ils habitaient alors, où on les trouve parfois aujourd'hui, à la Comédie française.

C'étaient là, Messieurs, des journées bien remplies ; c'étaient aussi d'heureuses journées. Senard nourri de faits et de chiffres, tout brûlant de jeune éloquence, et que suivit l'acquittement.

Il y a, Messieurs, dans la vie de chaque homme, un moment solennel et décisif qui marque la fin des hésitations, des tâtonnements, le commencement vrai de la carrière. Ce moment était venu pour Senard. Par une heureuse et rare fortune, son premier succès lui donna des clients ; il eut bientôt, ce qui vaut mieux que des clients, une clientèle, qu'il s'attacha par d'infatigables efforts. Il travaillait jour et nuit, plaidant, rédigeant des consultations et des mémoires, ajoutant constamment — ce sont ses expressions (1), — des solutions nouvelles à celles qu'il avait amassées d'abord... A ce métier, l'on se fatigue vite, on réussit plus vite encore. Au bout de peu d'années, il comptait, à bon droit, parmi les premiers avocats de Rouen.

Le barreau de Rouen passait pourtant dès lors pour l'un des plus distingués de France. Levarlet, Daviel père, Taillet père, Chéron, ces vieux, ces âpres juris-consultes, discoureurs subtils, praticiens consommés et retors, n'avaient quitté qu'à regret la broussaille coutumière pour la grande route unie du Code civil. Ils plaidaient « l'épée au côté », comme on se marie suivant la bonne règle normande, et se réservaient les appels, laissant à de moins difficiles les affaires de première instance. A partir de 1830, Senard, qui venait d'entrer au conseil de l'Ordre, ne se

(1) Discours du 12 décembre 1874.

présenta plus qu'à la Cour. En 1835, il était élu bâtonnier.

Il dut, à peine entré en charge, prêter l'appui de sa parole à un client inattendu. — Les accusés d'avril, vous vous le rappelez, Messieurs, s'étaient vu refuser par la Cour des Pairs les défenseurs de leur choix. Une Ordonnance du 30 mars 1835 valida les désignations illégales faites d'office, à la suite de ce refus, par le président de la Cour, et attribua, du même coup, à cette juridiction exceptionnelle, tous les pouvoirs disciplinaires dont l'exercice est réservé aux tribunaux de droit commun. Le 6 avril, les avocats rouennais protestaient contre l'Ordonnance et se déclaraient prêts à s'associer, en une résistance commune, au barreau parisien. — Poursuivi comme responsable des résolutions adoptées par son Ordre, Senard comparut devant la Cour de Rouen, toutes Chambres assemblées, et, dans une plaidoirie vraiment magistrale (1), où vibre je ne sais quel accent parlementaire, revendiqua les droits méconnus de la libre défense. Il perdit sa cause devant ses juges, mais la gagna devant l'opinion et aussi devant ses confrères, qui lui témoignèrent leur admiration reconnaissante en le nommant, en 1837, pour la seconde fois bâtonnier.

En 1842, en 1846, ils le mirent encore à leur tête. — Sa réputation, d'abord exclusivement locale, s'était étendue, dès lors, bien au delà des limites de

(1) Défense du Barreau de Rouen. — Rouen, 1835.

la province. Delangle, Philippe Dupin, à qui on l'a comparé, d'autres parmi les plus illustres, l'ayant eu pour adversaire au cours de leurs excursions oratoires, avaient appris à le connaître et l'appréciaient à sa valeur. Peut-être essayèrent-ils de l'entraîner à leur suite et lui firent-ils entrevoir, sur une scène plus vaste, de plus brillantes destinées. Mais Senard aimait sa ville, sa vieille maison pleine de souvenirs, ce Palais, témoin de ses premiers succès. Il lui serait resté fidèle, sans le grand événement politique, qui, brusquement, — pour sa gloire, Messieurs, et pour la nôtre, — changea la direction de sa vie.

La révolution de 1848 est très calomniée de nos jours. Elle manqua son but et s'acheva, dit-on, ridiculement, puisqu'elle aboutit à l'Empire. — C'est oublier que le suffrage universel, institué par le gouvernement provisoire, a retrouvé la République, et ne pas savoir qu'en ce monde les plus héroïques efforts sont aussi les plus inutiles. La révolution de Février n'a pas tenu toutes ses promesses, elle n'a pas réalisé son idéal. Elle en eut un, du moins. Elle naquit d'une idée morale, d'une aspiration élevée et ne fut, — ce sera son honneur et, s'il le faut, sa justification devant l'histoire, — ni l'œuvre des bas instincts, ni celle des convoitises déchaînées. En 48 comme jadis, à l'aurore de 89, alors qu'elle marchait,

dans la gloire d'une nouvelle jeunesse, à la conquête
du monde, la France, bercée aux paroles d'un poète,
toute frémissante de longs espoirs et de vastes
pensées, vécut une de ces heures que l'heure suivante
dément sans doute, mais qui laissent après elles
d'impérissables souvenirs et d'incurables mélan-
colies.

Nous avons peine à les revivre aujourd'hui, fût-ce
par la pensée. — Un scepticisme politique, hélas!
trop justifié, a remplacé en nous la foi de nos pères
et nous rend presque inintelligibles leurs généreuses
passions. Il y a quarante ans, on croyait encore aux
grands mots sonores, à l'invincible puissance des
idées, au triomphe définitif du droit. La jeunesse
n'était pas triste alors... Ce fut une génération
ardente et naïve et joyeuse, celle qui, née à la vie
politique en 1830, renversa le trône de Juillet.

De cette génération, Senard en était bien. Par un
contraste singulier, mais très fréquent à cette
époque, il unissait aux instincts les plus positifs, à
l'entente raffinée des réalités de la vie, le goût de
l'absolu et celui des formules. Cet avocat éminemment
pratique tenait, lui aussi, de l'utopiste et, comme
presque tous ses contemporains, mêlait ses aspira-
tions libérales de je ne sais quels rêves humani-
taires.

Il s'était, de très bonne heure, occupé de politique,
sans encourir par là, — que les temps sont changés,
Messieurs! — le blâme secret de ses confrères.
sans même éveiller leurs défiances. — On l'avait vu,

en 1830, jeter de ses fenêtres, au peuple ameuté, les
feuilles qui conseillaient la résistance, puis se rallier
à la monarchie nouvelle. Mais elle l'eut bientôt lassé
par son esprit d'obstination et d'inertie. — Il se mit,
dans la Seine-Inférieure, à la tête de l'opposition
modérée (1) et se trouvait tout désigné, en 1847, pour
prendre part à cette campagne extra-parlementaire
qui devait aboutir, en six mois, à la proclamation de
la République.

Ses concitoyens le déléguèrent à la grande réunion
du Château-Rouge (2) et lui donnèrent, le 25 décembre,
la présidence du banquet de Rouen, qui fut le dernier
des banquets réformistes. Le discours qu'il y pro-
nonça (3) reste comme un document curieux sur
l'état des esprits à cette époque troublée. C'est à la
fois un programme et un réquisitoire, où se com-
binent, à doses égales, la modération et la violence.
L'orateur accable le ministère, mais n'a garde d'oublier qu'il s'adresse à des commerçants, à des indus-
triels peu soucieux pour la plupart de bouleverse-
ments politiques ; aussi se défend-il avec énergie de
toute arrière-pensée subversive... « Les révolutions
» les plus aisément accomplies ébranlent les intérêts
» et gaspillent les richesses; il n'y faut songer qu'a-

____

(1) Lire sa plaidoirie pour le *Journal de Rouen* (Cour d'assises
de la Seine-Inférieure, 17 août 1836). Cette plaidoirie fut publiée et
distribuée à vingt mille exemplaires. C'est un acte d'accusation
dressé contre la monarchie de Juillet.

(2) 10 juillet 1847.

(3) Banquet réformiste de Rouen, 25 décembre 1847. Discours de
M. Senard, président du banquet.

» près que tout espoir de redressement des griefs est
» perdu... » D'ailleurs, ajoute-t-il, « sous les gou-
» vernements d'opinion, l'opinion trouve toujours des
» issues », et le moment n'est pas venu des « résolu-
» tions désespérées. »

Deux mois encore et, la révolution faite, Senard,
que le gouvernement provisoire a nommé procureur
général près la Cour de Rouen (1), parlera de nouveau,
Messieurs, et, d'une voix indignée, flétrira cette
« royauté parjure », dont la France est enfin dé-
livrée, « ce système de fange et d'avilissement » qui,
pendant dix-huit années, a accumulé « toutes les
humiliations, toutes les hontes » et « froissé comme
à plaisir les intérêts généraux du pays. » — Puis,
mariant à ces imprécations un hymne d'allégresse, il
dira la liberté victorieuse, l'égalité reconquise, la
fraternité réalisée..... « Oh! C'est qu'elle est si
belle, s'écriera-t-il dans son enthousiasme, celle qui
nous est ainsi venue!... » *Surge, amica mea, et veni,*
soupire le fiancé du *Cantique des Cantiques*... Celle
qui est venue, « la plus magnifique de toutes les
» conceptions gouvernementales, l'expression de la
» force, de la gloire, de la vertu chez les peuples de
» l'antiquité, le dernier mot de la civilisation des
» sociétés modernes, » — vous l'avez nommée, Messieurs, c'est la République.

D'où vient qu'après l'avoir saluée d'un tel cri de
joie, le nouveau procureur général hésite et tout

(1) Sa nomination est du **28** février, son discours d'installation du
4 mars.

d'un coup se reprenne ? — Cette République, « le
rêve de ses jeunes années, » il ne l'attendait pas, il
ne l'espérait pas si tôt. Elle est « l'hôte qui devance
l'heure prévue de son arrivée... » « Je le déclare avec
» franchise, dit-il, pour moi, pour mes amis poli-
» tiques, il y a bien peu de jours encore, la Répu-
» blique était dans le lointain... » — Après celles que
j'ai citées, ces paroles peuvent paraître étranges ;
elles sont avant tout significatives : il faut savoir
les comprendre. — Républicain, Senard l'était dès
lors de tempérament et de principes ; il le resta toute
sa vie. Mais il appartenait, comme nous tous, à une
classe sociale bien avant que d'appartenir à un parti
politique. Aussi, cette épithète de républicain, ne
puis-je la lui appliquer sans l'accompagner d'un com-
mentaire et sans la tempérer d'une nuance. J'aimerais
mieux, employant le mot dans son acception la plus
large et la meilleure, l'appeler, Messieurs, un bourgeois. Il joignait, en vrai bourgeois, à l'esprit de
discussion et de critique, l'instinct conservateur et
le goût du pouvoir ; il lui plaisait de faire la leçon au
ministère, il n'en voulait pas à la monarchie — et
quand la monarchie succomba sous les coups portés
au ministère, certes, sa joie fut grande, mais la sur-
prise l'emporta sur la joie et, qui sait ? — peut-être
la joie fut-elle mêlée de quelque secret désappointe-
ment...

Les événements lui firent, du reste, oublier
bien vite ses premières impressions ; et même
ils lui fournirent tout aussitôt l'occasion de mettre

au jour ce qu'il avait en lui d'énergie, de courage et de dévouement à la chose publique.

Deux listes, l'une « bourgeoise » et modérée, l'autre radicale et presque entièrement formée de noms de prolétaires, se trouvaient en présence à Rouen, lors des élections générales du 23 avril. La liste modérée passa à une grande majorité. Déçus dans leurs espérances et d'ailleurs excités de longue main, les ouvriers se concertèrent et dressèrent des barricades. Senard, dont le nom figurait sur la liste victorieuse, avait résigné depuis deux jours ses fonctions de procureur général. Il les reprit à l'heure du danger et, de sa propre autorité, ramena dans la ville les troupes de la garnison qui s'en étaient éloignées ; puis il se mit à leur tête et, les moyens de persuasion épuisés, ordonna d'ouvrir le feu. — Le général hésitait : « Ce canon, disait-il, fera peut-être bien du bruit ! » — « Je voudrais, répliqua Senard, qu'il fût entendu de l'Europe entière et lui apprît que la République ne pactise pas avec le désordre. » Le lendemain, l'émeute était réprimée. — Senard donnant aux militaires des leçons d'énergie et recevant à leur tête le baptême du feu, — quelle application imprévue du *cedant arma togæ !* — « Je n'ai guère été, disait-il plaisamment, qu'un procureur général de corps de garde. »

L'Assemblée constituante le récompensa de sa belle conduite en le nommant, de prime abord, l'un de ses vice-présidents (1). Il se fit bientôt connaître,

(1) 5 mai.

2

répondit victorieusement à Barbès, qui lui demandait compte des « massacres » de Rouen, joua sa vie le 15 mai et refusa, jusqu'au dernier moment, de quitter l'Assemblée envahie. — Le 6 juin, il succédait à Buchez au fauteuil de la présidence... le 6 juin... à la veille de l'insurrection formidable dont le souvenir est présent à toutes vos mémoires.

Pendant ces quatre terribles journées où faillit sombrer la République, deux hommes seuls apparaissent, dominant la tempête de toute la hauteur de leur patriotisme et de leur courage, deux hommes profondément dissemblables, mais unis dans un même effort et résumant en leurs personnes tous les pouvoirs disparus, — Cavaignac et Senard. — Cavaignac, grave et simple comme un héros antique, et payant de sa personne aux barricades; — Senard, qui résout le difficile problème d'obtenir d'une réunion d'hommes éperdus qu'elle subsiste et ne se dissolve pas. Car ce fut là vraiment son œuvre : raffermir les volontés défaillantes et les tendre vers un but commun. Comment il l'accomplit, cette œuvre, on ne le sait que lorsqu'on a suivi, dans les journaux du temps, toutes les péripéties du drame qui se jouait à la fois au Palais-Bourbon et dans la rue. Tant que dura la lutte, il ne cessa de parler, lisant les nouvelles, les commentant, les modifiant quand elles étaient fausses ou quand elles étaient alarmantes, et faisant passer dans l'âme de ses collègues un peu de l'énergie et des espérances qui animaient la sienne. Cet intarissable et courageux monologue se prolongea pendant trois

jours, sans que l'épuisement y mît un terme... Enfin, le 26, vers onze heures du matin, une esta-
fette apporte au galop la nouvelle que le faubourg
Saint-Antoine s'est rendu à discrétion. L'Assemblée
avait, pour un moment, suspendu sa séance... —
Senard se précipite au fauteuil... « Huissiers, allez
chercher tous les députés, battez le Palais, allez
partout!... » Les députés accourent... « Oh! que je
suis heureux, Messieurs!... Remerciez Dieu, Messieurs!... » Et, tout en larmes, d'une voix brisée
par l'émotion, il commence un récit épique (1),
entrecoupé d'exclamations de joie et de reconnais-
sance.

Deux jours plus tard, unissant au nom du soldat
sans reproche qui l'avait sauvée de l'émeute, le nom
du grand citoyen qui l'avait sauvée d'elle-même,
l'Assemblée décrétait, par un vote unanime, que son
président avait *bien mérité de la patrie* (2). Cette glo-
rieuse distinction, à laquelle Senard ne s'était pas
attendu, devait être l'orgueil de sa vie. Noble et
touchant orgueil et que nous avons droit, Messieurs,
d'éprouver comme lui, nous qui sommes de sa
famille et qui participons de sa renommée.

Il aurait pu recueillir en paix le prix de ses services et, dans l'intérêt de sa gloire comme dans celui
de son repos, se refuser à de nouveaux combats.
Mais il comprit « qu'il y a des heures où le citoyen
doit se rendre, comme un soldat, au poste qu'on lui

(1) *Moniteur*. Séance du 26 juin.
(2) Décret du 28 juin.

assigne(1) » et, sur les instances de Cavaignac, à qui l'Assemblée venait de confier le pouvoir exécutif, il accepta le portefeuille de l'Intérieur. — *Le pays était à terre, il s'agissait de le relever et de le mettre en position de marcher* (2). Senard s'acquitta de sa tâche avec une activité surprenante. Trois mois et demi lui suffirent pour reconstituer un immense personnel et pour rétablir de façon durable l'ordre naguère si profondément troublé. — D'ailleurs, orateur parlementaire aussi remarquable qu'il était utile et laborieux administrateur. « On aurait dû créer pour lui, a dit le chroniqueur satirique, *le ministère des discours* (3). » Et, de fait, il parla constamment pendant son court passage au pouvoir. C'est surtout sur la partie moyenne de l'Assemblée que s'exerçait son influence. Ce bourgeois exprimait à merveille les sentiments et les passions de la bourgeoisie ; il savait, au besoin, exciter ses haines et soulever ses colères : on s'en aperçut le 31 juillet, quand, aux acclamations du centre, il poursuivit de sarcasmes sanglants Proudhon, qui développait à la tribune son programme révolutionnaire.

Il ne s'y départit, du reste, qu'une ou deux fois, — lui si ardent à la barre, — d'un ton d'extrême modération et de sincère détachement. Les responsabilités du pouvoir lui étaient à charge, — et ce fut sans regret qu'il abandonna son portefeuille, lorsque

(1) *Moniteur*, séance du 29 juin.
(2) Mot de Cavaignac.
(3) Lireux. — *L'Assemblée nationale comique.*

le vote émis par l'Assemblée sur la question de la présidence eut provoqué, le 12 octobre, un renouvellement partiel du cabinet du 29 juin. Il est difficile de rester aux affaires et plus difficile d'en sortir. Senard sut tomber avec dignité, mieux encore, avec grâce.
— Appelé, quelques jours après sa démission, à s'expliquer sur les motifs qui l'avaient déterminée, il le fit à l'universel applaudissement du pays et de l'Assemblée :

« Mes convictions, dit-il, ne datent pas d'hier, et
» les vicissitudes de ma vie politique ne me les
» feront jamais modifier. J'ai vécu, depuis que je suis
» à l'Assemblée nationale, comme j'avais vécu à
» Rouen, dans les mois qui se sont écoulés entre le
» 24 février et le 4 mai. J'étais là, mes collègues de
» la Seine-Inférieure le savent bien, toujours entre
» les partis extrêmes, et ne cessant, dans mes actes
» comme dans mes paroles, de proclamer et de
» féconder cette pensée, que la solution de l'avenir
» de la République consiste à réunir et à grouper
» tous les citoyens sous son immortel et glorieux
» drapeau.

» Le 29 juin, je suis entré au conseil avec la volonté
» et sous la condition formellement exprimée de la
» fusion et de la réunion des partis. Je disais et répé-
» tais constamment : si nous voulons que la France
» vienne à nous, il faut que nous allions à la France.
» Il faut que la République accepte tous les services
» qui lui sont franchement offerts et tous les dévoue-
» ments sans arrière-pensée, car le gouvernement de

» tous par tous ne saurait, sans une véritable incon-
» séquence, rester l'apanage de quelques-uns.

. . . .

» Jamais je n'ai vu dans la constitution du cabinet
» une question d'hommes, je n'y ai jamais vu pour
» moi une question de position personnelle. Le même
» sentiment de devoir qui, le 29 juin dernier, m'avait
» décidé à accepter le portefeuille, si difficile alors,
» du ministère de l'Intérieur, ce même sentiment de
» devoir m'a décidé, le 12 octobre, à le remettre au
» président qui me l'avait confié.

» Je l'ai fait sans regret pour moi... je l'ai fait sans
» arrière-pensée... tout prêt, je le déclare haute-
» ment, à donner mon concours à la combinaison que
» ma retraite a rendue possible, si j'arrive à recon-
» naître qu'elle peut aplanir quelques-unes des diffi-
» cultés de la situation, aider à la solution de la
» grande question de la présidence de la République
» et donner à notre chère République des conditions
» nouvelles de durée, de prospérité et de gran-
» deur (1). »

Ces nobles paroles méritaient, ce me semble,
d'être sauvées de l'oubli. — Senard, à peine sorti du
ministère, reprit avec ardeur sa part des travaux de
l'Assemblée (2). Mais l'heure d'injustice et d'ingra-

(1) *Moniteur*. — Séance du 16 octobre 1848.

(2) Il fut président ou rapporteur des commissions les plus importantes, témoigna de sa haute compétence dans la discussion du projet
de loi sur l'*Organisation judiciaire* et défendit éloquemment, au cours
de la discussion de la loi sur *les Clubs*, le droit de réunion menacé.
(Lire notamment, dans le *Moniteur*, le compte-rendu de la séance du
20 mars 1849.)

titude qui sonne tôt ou tard dans la vie des hommes politiques, allait bientôt sonner pour lui... Les électeurs rouennais ne crurent pas devoir l'envoyer à l'Assemblée législative. — Huit jours après son échec, — le 22 mai 1849, — il s'inscrivait, Messieurs, à votre tableau.

C'était commencer une carrière nouvelle, hasarder en de périlleuses épreuves une réputation solidement établie, exposer un talent déjà mûr à des comparaisons qui, plus que jamais, allaient devenir redoutables. Le moment est proche, en effet, où le barreau de Paris va recevoir une illustre colonie d'exilés de la politique, et, dès la fin de 1849, on se répète à l'oreille le mot qu'un peu plus tard M. Thiers osera prononcer à la tribune : « L'Empire est fait (1). »

Pendant la longue période où l'éloquence, — cette séditieuse, comme l'appelle un ancien (2), — trouva dans le Palais son unique asile et parmi tant de puissants rivaux, Senard prit place au premier rang. Et cependant il n'égala ni par la richesse et la pureté de la langue, ni par la constante élévation de la pensée tel de ces maîtres qui, du seul bruit de leur nom, éveillent ici tous les échos. Mais il y eut en lui,

(1) Discours du 17 janvier 1851.
(2) *Magna eloquentia, alumna licentiæ, comes seditionum...* Tacite.

Messieurs, à défaut d'un orateur parfait, un *avocat* dont à peine avez-vous encore entrevu le profil et dont je vous dois le portrait.

J'essaierai de vous le montrer, cet avocat incom· parable, à la barre, en pleine lumière. Mais. souffrez qu'avant tout je vous conduise dans ce cabinet de la rue des Moulins où se sont élaborées obscurément tant de victorieuses plaidoiries, où, soir et matin, tant de clients se sont pressés, où j'ai pénétré na- guère, grâce à d'obligeantes confidences...

Senard recevait longuement. Il laissait ses in- terlocuteurs s'expliquer à loisir, n'interrompait que pour préciser, d'une phrase brève, quelque dé· tail important ou pour jeter, sur de grandes feuilles éparses, des notes indéchiffrables, dont seul il pénétrait le sens. Bien qu'il eût, dès l'abord, tout deviné, tout compris, sa patience était inaltérable. Il le savait : le récit le plus confus, le plus inutile en apparence renferme parfois un mot décisif, — et la passion a ses clartés que la froide raison ne connaît pas.

Le soin de ses affaires l'absorbait tout entier. Il les emportait avec lui, les roulait sans cesse dans sa tête, après les avoir ramenées, par une opération d'esprit devenue presque instinctive, à un petit nombre d'éléments essentiels et comme à leur plus simple expression. Les recherches de doctrine et de jurisprudence étaient l'œuvre de ses secrétaires. Il ne consultait guère, pour sa part, au point de vue doctrinal, que ces admirables travaux préparatoires, où se révèle l'esprit de nos lois, et témoignait, à l'endroit de la jurisprudence, d'un scepticisme discret (1). Ces recueils aujourd'hui si fort à la mode et qui, par un procédé mécanique, fournissent à toutes les opinions indifféremment des solutions toutes prêtes et des textes tout découpés, n'eurent jamais accès dans sa bibliothèque. *Un avocat doit faire suer son cerveau,* disait-il, entendant par là que rien ne supplée à l'effort habituel de l'intelligence, au travail personnel et persévérant de la réflexion.

Il aimait, du reste, à réfléchir tout haut. Cette vive et riche nature avait besoin d'expansion et de sympathie. Il associait ses collaborateurs à ses hésitations, à ses espérances, il leur exposait ses plans, discutait avec eux, — devant eux, devrais-je dire, — et, tout en se promenant de long en large, suivait sur leurs visages l'effet de son argumentation. En ces moments d'épanouissement intellectuel et de libre causerie, un sourire, une approbation de la tête suffisaient à exciter sa verve... un froncement de sourcils la faisait éclater en pétillantes étincelles : et c'étaient de vives apostrophes, parfois de grandes colères, — mais suivies de quels prompts retours, de quelles familières leçons de droit, de quelles improvisations

______

(1) ... « Il faut nous garder d'une trop grande préoccupation des » arrêts... N'introduisons jamais, dans les débats, que des arrêts » dont les espèces bien vérifiées et les motifs bien étudiés permettent » d'invoquer utilement l'autorité ; *et même alors, usons-en discrète-* » *ment...* » (Discours du 12 décembre 1874)

brillantes où se réflétaient par avance et comme en un vivant tableau, toutes les émotions de l'audience...

L'audience, — sur ce champ de bataille où Berryer, Marie, Crémieux, Jules Favre, le rude et puissant Dufaure, Hébert, l'ami, le compagnon de toute la vie (1), — ceux-là que j'ose à peine nommer, tant d'autres que je passe, — ont, trente ans, en d'incessantes rencontres, mesuré leurs forces aux siennes, Senard, Messieurs, combattit soixante années. Et nul ne fit un plus savant usage de ces deux armes presque également redoutables dont l'avocat attaque et se défend tour à tour : la parole et le silence.

Il écoutait admirablement. — Observez-le pendant la plaidoirie de son adversaire : son attitude habituelle est celle de l'indifférence ; par instants dirait-on qu'il sommeille. Pourtant, rien n'échappe à son attention surexcitée. Mais sur ce front « qui ne rougit jamais, » sur ce masque d'une impénétrable bonhomie, aucune impression ne transparaît, aucun signe ne trahit l'agitation intérieure. Il essuie, sans s'émouvoir, le feu roulant des allusions, des épigrammes et garde, au plus fort de l'attaque, une contenance impassible, — à moins que, par un brusque changement de tactique, il ne sourie, n'applaudisse, ou, pour parer un coup mortel, ne lance un de ces mots d'approbation inattendue qui troublent le juge dans sa

---

(1) Hébert vivait encore, au moment où j'écrivais ces lignes. Il vient de s'éteindre, à l'âge de quatre-vingt-huit ans.

conviction grandissante, donnent le change à l'auditoire et désarment la contradiction.

Mais son tour est venu de parler. Il se lève, il commence et peu à peu s'excite et s'anime. Ses yeux brillent, son corps entier frémit ; le geste, un peu grêle au début, prend de l'ampleur, accompagne la phrase et la scande ; la voix sonne claire et vibrante et se plie, avec une étonnante souplesse, aux mouvements de la pensée. Il marche, il s'arrête, hausse les épaules, lève les bras au ciel ; il met en scène ses clients, ses adversaires, les fait parler et se répondre, agir et se mouvoir à son gré ; et ses expositions sont merveilleuses de clarté et d'entrain, charmantes parfois de bonne humeur et de fine raillerie. Science ou droit, problèmes de mécanique ou de psychologie, drames intimes ou questions de mur mitoyen, rien n'arrête l'élan de sa verve. Les affaires, à l'évocation de sa parole, naissent, grandissent, prennent une forme, une physionomie, sortent vivantes de l'obscur fatras des procédures... Et, en effet, il a le don de tout faire vivre et, quelque sujet qu'il traite, d'éveiller l'intérêt, de retenir l'attention.

Ce don là, Messieurs, c'est, à proprement parler, l'éloquence et Senard fut éloquent. Mais il le fut sans y tâcher, par la seule vertu d'un tempérament admirable — et ne compta jamais au nombre de ces avocats épris de la forme, qui cisèlent leurs phrases, composent suivant des règles sévères et sacrifieraient à la rigueur un argument utile à un développement harmonieux (1). Sa langue était la langue des affaires, simple, nette, allant au but; sa méthode de composition, celle que lui suggéraient les circonstances et l'intérêt de ses clients. Aussi bien plaidait-il pour eux, non pour lui-même et ne connut-il, au cours de sa longue carrière, qu'une ambition, — celle du succès.

Et qui fut mieux fait pour y prétendre ? — La connaissance approfondie des lois et des arrêts, l'expérience, l'érudition pratique, tout ce que le temps et le travail peuvent ajouter à la nature, il l'avait acquis par le travail et le temps. Et, de la nature, il tenait ces dons si variés et si rarement réunis qui font les grands avocats : une vive et pénétrante intelligence, une facilité d'assimilation prodigieuse, le plus rare bon sens, la mémoire la plus prompte et la plus fidèle, et cet instinct mystérieux, ce flair subtil que, de son vrai nom, l'on a nommé le sens des affaires. — Homme d'action avec cela, né pour la lutte, joignant au sang-froid la souplesse, à la rapidité du coup d'œil la rapidité de la décision ; habile à modifier, au gré des circonstances, ses dispositions de combat, à profiter des moindres fautes de l'adversaire ; l'esprit le plus avisé, le plus alerte, le plus abondant en ressources, le plus fécond en expédients.

---

(1) « Ie desire en mon advocat, dit Loysel dans son *Dialogue*, le con-
» traire de ce que Ciceron requiert en son orateur, qui est l'eloquence
» en premier lieu, et puis quelque science de droict; car ie dis tout
» au rebouts, que l'advocat doit surtout être sçavant en droict et en
» pratique, et *médiocrement éloquent*, plus dialecticien que rheteur, et
» plus homme d'affaires et de iugement que de grand ou long dis-
» cours. »

Abondance, fécondité, — ces mots, si l'on cherche
à définir le talent de Senard, viennent naturellement
aux lèvres, et l'on a pu, sans trop d'exagération,
comparer sa plaidoirie à une marée montante qui, de
son mouvement insensible et de son flot toujours re-
nouvelé, submerge les obstacles qu'elle rencontre
lorsqu'elle ne les renverse pas. — « Les dispositions
» de l'esprit sont si différentes chez les hommes qu'il
» ne leur arrive presque jamais de s'accorder, sur une
» même question, que par des motifs différents. Aussi
» doit-on s'efforcer, lorsqu'on parle, d'égaler à la di-
» versité des intelligences la variété des aperçus (1)...»
— Il semble qu'il se soit approprié ce précepte d'un
orateur antique... « Égaler la variété des aperçus à
la diversité des intelligences, » ne rien négliger, en
un mot, et tout dire, telle est, en effet, Messieurs, sa
constante préoccupation.

Non content de tout dire, il se répète et redouble
chacun de ses coups. Ses arguments prennent successivement mille formes nouvelles ; il mène et,
sans se lasser, ramène les faits à l'assaut ; la thèse
juridique qu'il a, dès le début de la discussion, résu-
mée, ramassée en un axiome de bon sens, en quelque
saisissante formule, revient, elle aussi, à des inter-

---

(1) Pline le Jeune. Lettres. — *Livre I, Lettre 20.* — J'ai abrégé le
texte, que voici dans son intégrité: *Aliud alios movet, ac plerumque
parvæ res maximas trahunt. Varia sunt hominum judicia, variæ volun-
tates : inde qui eamdem causam simul audierunt, sæpe diversum, inter-
dum idem, sed ex diversis animi motibus sentiunt. Præterea suæ quisque
inventioni favet, et quasi fortissimum amplectitur, quum ab alio dictum
est, quod ipse prævidit. Omnibus ergo dandum est aliquid, quod teneant,
quod agnoscant.*

valles calculés, frapper l'oreille et l'esprit du juge.
— Et quelle passion de convaincre! Quelle volonté
constamment tendue! Quelle ténacité... impitoya-
ble! — Les heures passent et les journées... Il parle,
il parle encore et, dans son ardeur, perd la notion du
temps qui s'enfuit. — « Vous sentez-vous fatigué ? »
lui demande un président après une longue audience... « Fatigué, répond-il avec un sourire, oui,
monsieur le président... des jambes! » — De fait,
il semble infatigable... — Il arrive pourtant qu'à la
fin ses forces le trahissent, et qu'il s'affaisse, et qu'il
succombe, — comme ce jour, à Toulouse : il venait
de plaider, avec toute son âme, aux acclamations d'un
auditoire enthousiaste, une longue et dramatique
affaire ; en achevant sa péroraison, brusquement, il
s'évanouit... Et son confrère Timbal, qui l'avait reçu
dans ses bras, s'efforçait de le ranimer en lui criant
aux oreilles : « Du courage, Senard, et soyez heureux!
Vos adversaires eux-mêmes applaudissent! »

Cette extraordinaire ténacité se tourna-t-elle
parfois en obstination, en diffusion cette intarissable
abondance ? — Ne fit-il pas de ses arguments un
choix toujours assez sévère ? Le fil dont il tissait
ses preuves eut-il, d'aventure, moins de ténuité qu'il
n'eut de souplesse ? — On l'a dit, Messieurs, — c'est la
vengeance et la consolation des vaincus de critiquer
le vainqueur, — et je crois qu'on a dit vrai. Ce nor-
mand fut un méridional à ses heures, un méridional qui se grisait de sa parole, se laissait piper,
suivant le mot de Montaigne, aux visions d'une ima-

gination ardente et, dans la mêlée, ne mesurait plus ses coups... Mais la sobriété, l'impartialité, la mesure ne sont pas, que je sache, nos vertus dominantes, et peut-être faut-il, pour réussir en ce monde et pour plaider les grandes affaires, aux belles et rares qualités, joindre quelques légers défauts.

Les grandes affaires, il les a toutes plaidées. Il ne se confina dans aucun genre; sa spécialité fut de n'en avoir pas, ou plutôt de les avoir toutes : « rien d'humain ne lui fut étranger. » — « L'avocat, disait-il » ici même à ses jeunes confrères, ne se tient vrai-» ment à la hauteur de sa mission que lorsqu'il suit, » d'un regard attentif et constant, tous les mouve-» ments de la société; lorsqu'il étudie les intérêts » nouveaux qui surgissent, les rapports qui en résul-» tent entre les hommes et les conditions dans » lesquelles il convient que ces rapports soient » réglés... Ses préoccupations et ses études doivent » aller toujours se modifiant... Il ne doit laisser » échapper aucune occasion de s'initier à ce qui vit, » se crée, se meut autour de lui (1). » — Par la variété de son érudition et de ses aptitudes, par son universelle curiosité, par l'intelligence qu'il eut de son temps, Senard, Messieurs, a réalisé, tel qu'il l'avait conçu, le type de l'avocat moderne.

Ses goûts, ses habitudes d'esprit le portaient, vous ai-je dit, vers les sciences et vers leurs applications pratiques. Aussi trouva-t-il tout préparé à la discus-

(1) Discours du 12 décembre 1874.

sion de ces procès de contrefaçon et de brevets, nés de la lutte industrielle qui signala l'avènement du second Empire et destinées à rester, pendant quinze ans au moins, à partir de 1850, les plus importants du Palais. — Tour à tour physicien, mécanicien, chimiste, il possédait à fond les vocabulaires, voire même les jargons spéciaux et, par l'étendue de ses connaissances techniques, étonnait les ingénieurs et les savants. Au surplus, excellent *démonstrateur* et sachant, — c'est l'art et la difficulté suprême, — proportionner l'exactitude de son langage et celle de ses explications au degré d'instruction du juge. — Ses plaidoiries scientifiques sont des modèles de clarté, de précision, je dirai d'élégance sévère. Il créa ou, du moins, renouvela le genre, et, dans ces causes réservées à une élite, si ingrates et si intéressantes à la fois, mit le meilleur de son talent (1).

Je me trompe. — C'est dans une cause de commerce ou de finance (2) ou bien encore dans une grande cause civile de droit commun (3) que s'exerçaient, dit-on, le plus librement toutes ses qualités d'orateur et de jurisconsulte. — Mais une simple affaire littéraire, — tel est, Messieurs, le pouvoir des lettres, — a mieux servi sa renommée que ne l'ont fait tant de procès un moment célèbres — et

(1) Affaire des baromètres anéroïdes, des appareils à force centrifuge, de l'injecteur automoteur, etc... etc.

(2) Affaire Mirès (plaidoirie pour M. de Pontalba), affaire du canal de Suez, affaire du Crédit mobilier et de la Société immobilière, etc...

(3) Affaires da Gama Machado, Bardet, Graillat, etc. Lire notamment sa plaidoirie devant la Cour dans l'affaire Graillat. (*Gazette des Tribunaux*. 30 décembre 1863, 6 et 13 janvier 1864.)

dont le souvenir n'a survécu ni à l'occasion ni au temps.

Tous, vous avez lu *Madame Bovary*, le chef-d'œuvre de Gustave Flaubert. — Fille de paysan et née à la ferme, mais élevée à la ville, au couvent, « en demoiselle », énervée d'abord de langueurs mystiques, puis bercée de romances et de romans, Madame Bovary épouse un humble médecin de campagne et ne trouve pas en son mari l'être idéal qu'elle a rêvé. Elle prend un amant, roule d'adultère en adultère, et, lasse de l'adultère autant que du mariage, finit par s'empoisonner.

Cette œuvre de froide analyse, d'observation sévère et profonde parut, vers la fin de 1856, dans la *Revue de Paris*. La *Revue de Paris* était suspecte en haut lieu. On n'attendait, pour la supprimer, qu'un prétexte. Ce prétexte, la publication du nouveau roman sembla de nature à le fournir. Par la hardiesse de la conception, par l'extrême précision du détail, *Madame Bovary* avait choqué bien des gens. On résolut d'en poursuivre l'auteur. — Traduit en police correctionnelle et prévenu d'outrage à la religion et à la morale, l'ouvrier littéraire le plus consciencieux de ce temps vint s'asseoir, le 31 janvier 1857, sur le banc des filles publiques et des escrocs (1).

(1) On lit dans le premier volume, tout récemment paru, du *Journal des Goncourt*, les lignes suivantes (p. 358) : « Il est vraiment » curieux que ce soient les quatre hommes les plus purs de tout mé- » tier et de tout industrialisme, les quatre plumes les plus entière- » ment vouées à l'art, qui aient été traduits sur les bancs de la police » correctionnelle : Baudelaire, Flaubert et nous. »

Il avait choisi pour défenseur Senard, son compatriote, le vieil ami de son père. Senard plaida, Messieurs. Sa plaidoirie nous a été conservée. Et, tout d'abord, il dit de son client la famille, surtout la fortune : un homme qui possède des écus au soleil et paie régulièrement ses impôts, n'étant pas l'ennemi de la propriété, comment le serait-il de la religion et de la morale ? — A cet exorde insinuant, — un chef-d'œuvre de finesse normande, — succéda l'analyse du livre, fine, pénétrante, audacieuse : mis entre les mains d'une jeune femme, devait-il avoir pour effet de l'exalter, de la corrompre, ou, au contraire, de lui inspirer l'horreur du vice et de l'exciter à la vertu ? Vous devinez en quels termes et dans quel esprit la question fut résolue. — Toute la littérature française comparut ensuite à la barre... Chénier, Rousseau, Mérimée, Sainte-Beuve, le président de Montesquieu (l'ordinaire caution des gens de lettres qui ont affaire à justice), vinrent successivement porter témoignage en faveur de *Madame Bovary*. Et la discussion se tourna brillamment en leçon de littérature.

Flaubert sortit de l'audience acquitté. Bien mieux, il en sortit célèbre. — *Madame Bovary*, — c'est la moralité des procès intentés au nom de la morale, — obtint un immense succès de curiosité. Et à la curiosité succéda bientôt l'admiration. Aujourd'hui, le livre est classique. — Ouvrez un exemplaire de l'édition définitive : vous trouverez, à la première page, le nom, à la fin, la plaidoirie de l'avocat. Et cette plaidoirie emprunte à l'œuvre à laquelle elle s'attache un peu de son immortalité.

Vous trouverez aussi, dans l'édition définitive, le texte du jugement rendu par la sixième chambre. Jugement curieux à plus d'un titre et qui renferme, en même temps qu'un blâme sévère infligé à l'écrivain, une sorte de profession de foi littéraire dont je ne me pardonnerais pas de ne pas vous rappeler les termes : « La mission de la littérature, — ce sont des *attendus* » que je cite, — doit être d'orner et de récréer » l'esprit en élevant l'intelligence et en épurant les » mœurs plus encore que d'imprimer le dégoût du » vice en offrant le tableau des désordres qui peuvent » exister dans la société... Il n'est pas permis, sous » prétexte de peinture de caractère et de couleur » locale, de reproduire, dans leurs écarts, les faits, » dits et gestes des personnages qu'un écrivain s'est » donné mission de peindre... Un pareil système, » appliqué aux œuvres de l'esprit aussi bien qu'aux » productions des beaux-arts, conduirait à un réalisme » qui serait la négation du beau et du bon et qui, » enfantant des œuvres également offensantes pour » les regards et pour l'esprit, commettrait de con- » tinuels outrages à la morale publique et aux » bonnes mœurs... (1). » — Voilà qui part d'un bon naturel; mais, hélas! — il ne semble pas que les romanciers contemporains aient compris leur mission comme l'eussent voulu les magistrats de la sixième

____

(1) *Madame Bovary*. Edition définitive, p. 469-470.

chambre, — et le jugement n'a pas fait jurisprudence.

Senard venait de célébrer le cinquantième anniversaire de son entrée au barreau, lorsque la guerre de 1870 éclata. Il ne désespéra pas de la France.

Le 4 septembre, ses amis politiques arrivaient au pouvoir. — Il leur offrit ses services et, vieil avocat, accepta d'aller plaider devant le gouvernement italien la cause de son pays malheureux.

Cette cause, Messieurs, il ne l'a pas gagnée. On ne s'improvise pas diplomate. Après une courte absence, il reprit sa place dans vos rangs.

En 1874, il recevait de vous le suprême honneur et, en même temps, rentrait dans la vie publique. Élu député pour la seconde fois en 1877 (1), il fut élevé, deux ans plus tard, en 1879, à la vice-présidence de la Chambre.

A soixante et dix-neuf ans, il n'avait rien perdu de son activité ni de sa verve. Brillant conteur, causeur infatigable, il aurait pu, longtemps encore, soutenir le poids des affaires. Mais il était de cette race d'artistes qui, par un raffinement de coquetterie, quittent la scène en plein succès. — Il plaida, après ses quatre-

(1) Il défendit, pendant la période du 16 mai, contre le gouvernement du duc de Broglie, ce même *Journal de Rouen* qu'il avait défendu, en 1836, contre le gouvernement de Louis-Philippe.

vingts ans sonnés, une dernière cause, — puis entra dans la retraite.

Mais, pour n'exercer plus sa profession, il ne cessa pas d'être avocat. Ses confrères voulurent jusqu'à la fin le garder à leur tête. Il assistait régulièrement aux séances du Conseil de notre Ordre et présidait les réunions des stagiaires de sa Colonne. C'est à l'une de ces réunions,— vous me permettrez, Messieurs, et me pardonnerez ce souvenir personnel, — que j'eus, il y a déjà bien longtemps, occasion de l'approcher.

Nous étions, ce jour-là, dans la salle où l'on nous avait convoqués, plusieurs provinciaux peu accoutumés à entretenir les gens célèbres et très curieux de lier connaissance avec l'ancien président de l'Assemblée constituante, avec l'illustre avocat dont, si souvent, le nom nous avait frappés. — La porte s'ouvrit... Nous vîmes entrer un grand vieillard, à peine courbé, dont toute la personne respirait cette sobre et minutieuse élégance qui rajeunit les années. — Senard nous tint une heure sous le charme. Nous l'écoutions avidement; et je ne me doutais guère, pour ma part, qu'un jour j'aurais l'honneur de vous raconter sa vie.

Je n'ai pu, je l'avoue, me défendre, en l'étudiant, cette vie si longue et si remplie, d'un sentiment de tristesse. — Eh quoi! me disais-je, — de tant d'éminentes facultés, de tant de veilles laborieuses, de tant de succès et d'efforts, voilà donc tout ce qui reste : quelques plaidoiries éparses, l'écho affaibli d'une voix qui s'éteint... Ah! qu'ils sont éphémères, les triomphes de la parole, et l'ingrate profession que la nôtre, où le talent ne garde pas de l'oubli !

Messieurs, je me suis reproché ces pensées ; Senard ne les eût point comprises. Il travailla joyeusement, sans souci du lendemain. La vie lui fut douce et facile : il savait qu'elle a son prix en elle-même et que, de tous les vains désirs qui nous agitent, il n'en est pas de plus vain que celui de l'immortalité.

Et cette immortalité qu'il n'a pas souhaitée, ne l'a-t-il pas obtenue ? — L'histoire a recueilli son nom, son souvenir nous est présent ; deux de nos maîtres (1), hier encore, ont salué sa mémoire. — Un hommage manquait, Messieurs, au citoyen, à l'avocat. Cet hommage, — qu'il n'eût pas dédaigné, — je le lui apporte aujourd'hui. C'est une dernière et pieuse couronne que je dépose sur sa tombe, au nom de ceux qui le connurent à peine, et qui, pour lui, sont déjà la postérité.

(1) M. le bâtonnier Martini (discours prononcé à l'ouverture de la Conférence, le 30 novembre 1885) et M. Henri Barboux, ancien bâtonnier (Notice sur Jules Senard).

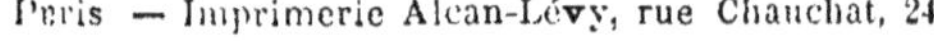

Paris — Imprimerie Alcan-Lévy, rue Chauchat, 24